AF886514

Family Estate Planner

The one book Every Family Member Needs

The Gift that Keeps on Giving

Cover and interior design by Estell A. Porter

Published in the United States of America

ISBN: 978-1-935653.-51-6

For comments or suggestions email us at:

estateplannerinfo@gmail.com

We'd love to hear from you!

Rōz & Company
Missouri City, Texas 77459

Family and Friends color our lives in the most unexpected ways, and leave imprints that only time reveals.

Important Things My Family Should Know

No one likes to talk about death, either their own or that of someone that they love. You and I are no exception. This is a LIFE DOCUMENT not a death document. However, planning for the inevitable is necessary. This planner has been designed for your family's protection and survival and is only preparatory in nature. It does not replace your will, nor is it intended to do so. It is a supplement and can document your current state of affairs and, if necessary, assist your family with those items that are not included in your will.

Do you have a Will?____

If so, attach a copy to this document or indicate Location below:

____

____

____

____

____

Keep this information in a Safe Place!

CONTENTS

Personal Messages.--7
Personal Records--18
Medical Records ---27
Prescription Drug Info ---38
Over the counter drugs---46
Professional Advisors --47
Memberships --51
Computer/Phone/Pads, etc. logins---------------------------------54
Insurance Records --62
Financial Records ---68
Receivables & Assets ---80
Credit/Debt Records ---90
Travel Entertainment Cards---------------------------------------100
Oil Company Cards --103
Automatic and Recurring Payments -----------------------------104
Legal Documents (DNR, etc) ------------------------------------113
Hand written wills/addendums..-----------------------------------115
Heirlooms/Collectables--120
Specific Item Gift Recipients---------------------------------------124
Death Notification List ---131
Directives ---134

CONTENT COMPLETION CHECKLIST
AT THE END OF BOOK

THIS BOOK BELONGS TO:

VERY IMPORTANT

When the book is completed, please give it to the appropriate person who will handle your affairs.

Personal Messages

NOTE

Date:______________________________________

Dear____

Date:______________________________

Dear ______________________________________

NOTE

Date:______________________________

*Dear*______________________________

Date:

Dear

NOTE

Date:

Dear

Date:

Dear

Note

Date:

Dear

Date:________________________

Dear________________________

NOTE

Date:______________________________

Dear ______________________________________

Date:

Dear

Personal Records

Personal Records:

Name: ____________________

Maiden Name ____________________

SSN#____________________

Driver's License#____________________ State ____________

Passport # ____________________

Date of Birth:____________________

Place of Birth: ____________________

Residence Address:____________________

____________________ State________Zip__________

Do You Have a Will?

If so, attach or indicate location below

____

____

Marriage Records

Spouse:____________________

If Deceased?____Mo/Yr__________ Divorced____ Mo/Yr__________

Remarried________

Spouse:____________________

If Deceased?____Mo/Yr__________ Divorced____ Mo/Yr__________

Remarried________

Spouse:____________________

If Deceased?____Mo/Yr__________ Divorced____ Mo/Yr__________

MILITARY RECORDS/BRANCH

Branch ____

Deers Phone #____

Sponsor Name ____

ID #____

Date of Birth:_______________________________________

Spouse ____

ID #____

Date of Birth:_______________________________________

Dependent____

ID #____

Date of Birth:_______________________________________

Dependent____

ID #____

Date of Birth:_______________________________________

Dependent____

ID #____

Date of Birth:_______________________________________

Dependent____

ID #____

Date of Birth:_______________________________________

Parents Name

Birth Mother:____

If Deceased?_______Mo/Yr___________

Birth Father:____

If Deceased?_______Mo/Yr___________

Adoptive/Foster Parents

Mother:____

If Deceased?_______Mo/Yr___________

Father:____

If Deceased?_______Mo/Yr___________

Guardians (if applicable)

Guardian of Minor Children

Primary

Name: ____

Phone #_______________________**Email**____________________

Secondary, if primary is incapacitated or unable to do so.

Name: ____

Phone #_______________________**Email**____________________

Guardianship Provision

I, ______________________________ being of sound mind and full mental capacity do establish the following provision regarding the dispersal of my estate.

I am the legal guardian of the following minor(s) dependents or special needs minors or adults, hereafter referred to as "dependents", this will also include any future off-spring I may have either biological or adoptive.

Name: ______________________________ **DOB** ______________________
Special needs? _______

Name: ______________________________ **DOB** ______________________
Special needs? _______

Name: ______________________________ **DOB** ______________________
Special needs? _______

Name: ______________________________ **DOB** ______________________
Special needs? _______

I am married or share legal guardianship with ____________________, who will assume full custody of the dependents, in the event of my death.

I appoint the previously named guardian(s) to take full custody of the dependents in the event of my death.

Signature ______________________________ **Date** ____________________
Witness Signature ______________________________ **Date** __________

If revoked must be notarized and dated.

Children

Name:_______________________________________Birth Sex _____
DOB___________________________ Adopted? ____ StepChild? ____
If Yes, Date Child adopted or name of parent______________________
____
Special Needs_______ Deceased?__if Yes, Date__________________

Name:_______________________________________Birth Sex _____
DOB___________________________ Adopted? ____ StepChild? ____
If Yes, Date Child adopted or name of parent______________________
____
Special Needs_______ Deceased?__if Yes, Date__________________

Name:_______________________________________Birth Sex _____
DOB___________________________ Adopted? ____ StepChild? ____
If Yes, Date Child adopted or name of parent______________________
____
Special Needs_______ Deceased?__if Yes, Date__________________

Name:_______________________________________Birth Sex _____
DOB___________________________ Adopted? ____ StepChild? ____
If Yes, Date Child adopted or name of parent______________________
____
Special Needs_______ Deceased?__if Yes, Date__________________

Name:_______________________________________Birth Sex _____
DOB___________________________ Adopted? ____ StepChild? ____
If Yes, Date Child adopted or name of parent______________________
____
Special Needs_______ Deceased?__if Yes, Date__________________

Siblings Birth Name/Spouse

Brother/Sister/Adoptive/Foster

Name.:____

Divorced____ **Remarried**________ **If Deceased?**____**Mo/Yr**__________

Spouse:____

If Deceased?_______**Mo/Yr**__________

Spouse:____

If Deceased?_______**Mo/Yr**__________

Lives in City/State ____________________________________

____

Contact Information

Email________________________________

Phone #______________________________

Brother/Sister/Adoptive/Foster

Name.:____

Divorced____ **Remarried**________ **If Deceased?**____**Mo/Yr**__________

Spouse:____

If Deceased?_______**Mo/Yr**__________

Spouse:____

If Deceased?_______**Mo/Yr**__________

Lives in City/State ____________________________________

____

Contact Information

Email________________________________

Phone #______________________________

SIBLINGS BIRTH NAME/SPOUSE

Brother/Sister/Adoptive/Foster

Name:____

Divorced____ **Remarried**________ **If Deceased?**____**Mo/Yr**___________

Spouse:____

If Deceased?_______**Mo/Yr**___________

Spouse:____

If Deceased?_______**Mo/Yr**___________

Lives in City/State ____________________________________

____

Contact Information

Email:________________________________

Phone #_______________________________

Brother/Sister/Adoptive/Foster

Name:____

Divorced____ **Remarried**________ **If Deceased?**____**Mo/Yr**___________

Spouse:____

If Deceased?_______**Mo/Yr**___________

Spouse:____

If Deceased?_______**Mo/Yr**___________

Lives in City/State ____________________________________

____

Contact Information

Email:________________________________

Phone #_______________________________

Siblings Birth Name/Spouse

Brother/Sister/Adoptive/Foster

Name:____

Divorced____ **Remarried**________ **If Deceased?**____**Mo/Yr**____________

Spouse:____

If Deceased?________**Mo/Yr**____________

Spouse:____

If Deceased?________**Mo/Yr**____________

Lives in City/State ____________________________________

____

Contact Information

Email:________________________________

Phone #________________________________

Brother/Sister/Adoptive/Foster

Name:____

Divorced____ **Remarried**________ **If Deceased?**____**Mo/Yr**____________

Spouse:____

If Deceased?________**Mo/Yr**____________

Spouse:____

If Deceased?________**Mo/Yr**____________

Lives in City/State ____________________________________

____

Contact Information

Email:________________________________

Phone #________________________________

Medical Records

Please make copies of this section for Dr Visits or Hospital Occurrences along with your DNR and POA

General Medical Information

Blood Type: ________ **Organ Tissue Donor:** **Yes/No**

Allergies/Reactions:

Preferred Hospital Name and Address:

Primary Care Doctor Name and Address:

Specialist Name and Address:

Present Diagnosed Medical Conditions

Important to know...Pass Medical Conditions or surgeries, Parts Serial # Dates and Drs. **(Kidney transplant, heart value replacement, cornea replacement, Lung replacement, etc.)**

Past Surgeries/Procedures:

Additional Information:

DOCTORS

Primary Care:

Name: ______________________________

Phone #______________________________

Address:______________________________

____

Cardiologist:

Name: ______________________________

Phone #______________________________

Address:______________________________

____

Endocrinologist:

Name: ______________________________

Phone #______________________________

Address:______________________________

____

Ophthalmologist/ Optometrist:

Name: ______________________________

Phone #______________________________

Address:______________________________

____

Urologist:

Name: ______________________________

Phone #______________________________

Address:______________________________

____

DOCTORS

Dentist:

Name: ______________________________

Phone #______________________________

Address:______________________________

____

Gynecologist/Allergist:

Name: ______________________________

Phone #______________________________

Address:______________________________

____

Neurologist:

Name: ______________________________

Phone #______________________________

Address:______________________________

____

Oncologist:

Name: ______________________________

Phone #______________________________

Address:______________________________

____

Rheumatologist/Other:

Name: ______________________________

Phone #______________________________

Address:______________________________

____

Medical Coverage Info

Medicare Policy #:________________________ **PART A/B/C**

Agent: ____

Phone #:____

Email:___________________________________ ____________

Login Credentials: ____________________________________

PW: ________________________

Deductible:_______________________**/ Co-pay:**_______________

Note:____

____

____

____

Medicare Policy #:________________________ **PART A/B/C**

Agent: ____

Phone #:____

Email:___________________________________ ____________

Login Credentials: ____________________________________

PW: ________________________

Deductible:_______________________**/ Co-pay:**_______________

Note:____

____

____

____

__Medicaid Policy #______________________________

Contact: ______________________________________

Phone #:_______________________________________

Email:____

Login Credentials: ________________________________

PW:_____________________________

Deductible:___________________________/ Co-pay:_________________

Note:____

____

____

____

____

Long Term Care Policy #______________________________

Agent: ____

Phone #:_______________________________________

Email:____

Login Credentials: ________________________________

PW:_____________________________

Deductible:___________________________/ Co-pay:_________________

Note:____

____

____

____

____

Supplemental Insurance Policy #______________________

Contact: ___________________________________

Phone #: ___________________________________

Email: ___________________________________

Login Credentials: ___________________________________

PW: ___________________________

Deducible: ___________________________ / **Co-pay:** _______________

Note: ___________________________________

____

____

____

____

Insurance Policy Type ___________________________________

Policy # ___________________________________

Contact: ___________________________________

Phone #: ___________________________________

Email: ___________________________________

Login Credentials: ___________________________________

PW: ___________________________

Deductible: ___________________________

Note: ___________________________________

____

____

Medical Coverage Information

Insurance Policy Type ______________________________

Policy #______________________________

Contact: ______________________________

Phone #:______________________________

Email:______________________________

Login Credentials: ______________________________

PW:______________________________

Deductible:______________________________

Note:______________________________

____

____

____

Insurance Policy Type ______________________________

Policy #______________________________

Contact: ______________________________

Phone #:______________________________

Email:______________________________

Login Credentials: ______________________________

PW:______________________________

Deductible:______________________________

Note:______________________________

____

____

Prescription Drugs Schedule & Info

Fill out section in Pencil to allow for additions and changes

Prescription Drugs Schedule & INFO

Drug Name ____

____

Date Started ____________________**Dosage**___________

Times per day_______**Food/empty Stomach/AfterMeal (circle one)**

Cost: Out of Pocket____ **Co-Pay**______________

Discontinued: _________ **Date** ________________________________

Pharmacy ____

Phone# ____

Doctor ____

Phone#____

Notes:____

____

Drug Name ____

____

Date Started ____________________**Dosage**___________

Times per day_______**Food/empty Stomach/AfterMeal (circle one)**

Cost: Out of Pocket____ **Co-Pay**______________

Discontinued: _________ **Date** ________________________________

Pharmacy ____

Phone# ____

Doctor ____

Phone#____

Notes:____

____

Perscription Drugs Schedule & INFO

Drug Name ____

____

Date Started ____________________**Dosage**____________

Times per day________**Food/empty Stomach/AfterMeal (circle one)**

Cost: Out of Pocket____ **Co-Pay**________________

Discontinued: __________ **Date** ______________________________

Pharmacy ____

Phone# ____

Doctor ____

Phone#____

Notes:____

____

Drug Name ____

____

Date Started ____________________**Dosage**____________

Times per day________**Food/empty Stomach/AfterMeal (circle one)**

Cost: Out of Pocket____ **Co-Pay**________________

Discontinued: __________ **Date** ______________________________

Pharmacy ____

Phone# ____

Doctor ____

Phone#____

Notes:____

____

Perscription Drugs Schedule & INFO

Drug Name ____

____

Date Started ____________________Dosage____________

Times per day________Food/empty Stomach/AfterMeal (circle one)

Cost: Out of Pocket____ Co-Pay________________

Discontinued: __________ Date _____________________________________

Pharmacy ____

Phone# ____

Doctor ____

Phone#____

Notes:____

____

Drug Name ____

____

Date Started ____________________Dosage____________

Times per day________Food/empty Stomach/AfterMeal (circle one)

Cost: Out of Pocket____ Co-Pay________________

Discontinued: __________ Date _____________________________________

Pharmacy ____

Phone# ____

Doctor ____

Phone#____

Notes:____

____

Perscription Drugs Schedule & INFO

Drug Name ____

____

Date Started ____________________**Dosage**____________

Times per day_______**Food/empty Stomach/AfterMeal (circle one)**

Cost: Out of Pocket____ **Co-Pay**_______________

Discontinued: _________ **Date** ________________________________

Pharmacy ____

Phone# ____

Doctor ____

Phone#____

Notes:____

____

Drug Name ____

____

Date Started ____________________**Dosage**____________

Times per day_______**Food/empty Stomach/AfterMeal (circle one)**

Cost: Out of Pocket____ **Co-Pay**_______________

Discontinued: _________ **Date** ________________________________

Pharmacy ____

Phone# ____

Doctor ____

Phone#____

Notes:____

____

Perscription Drugs Schedule & INFO

Drug Name ____

____

Date Started ____________________**Dosage**____________

Times per day________**Food/empty Stomach/AfterMeal (circle one)**

Cost: Out of Pocket____ **Co-Pay**________________

Discontinued: __________ **Date** ______________________________

Pharmacy ____

Phone# ____

Doctor ____

Phone#____

Notes:____

____

Drug Name ____

____

Date Started ____________________**Dosage**____________

Times per day________**Food/empty Stomach/AfterMeal (circle one)**

Cost: Out of Pocket____ **Co-Pay**________________

Discontinued: __________ **Date** ______________________________

Pharmacy ____

Phone# ____

Doctor ____

Phone#____

Notes:____

____

Perscription Drugs Schedule & INFO

Drug Name ______________________________

____

Date Started ____________________**Dosage**____________

Times per day_______**Food/empty Stomach/AfterMeal (circle one)**

Cost: Out of Pocket____ **Co-Pay**_______________

Discontinued: _________ **Date** ______________________

Pharmacy ______________________________

Phone# ______________________________

Doctor ______________________________

Phone#______________________________

Notes:______________________________

____

Drug Name ______________________________

____

Date Started ____________________**Dosage**____________

Times per day_______**Food/empty Stomach/AfterMeal (circle one)**

Cost: Out of Pocket____ **Co-Pay**_______________

Discontinued: _________ **Date** ______________________

Pharmacy ______________________________

Phone# ______________________________

Doctor ______________________________

Phone#______________________________

Notes:______________________________

____

Perscription Drugs Schedule & INFO

Drug Name ____

____

Date Started ____________________**Dosage**____________

Times per day_______**Food/empty Stomach/AfterMeal (circle one)**

Cost: Out of Pocket____ **Co-Pay**_______________

Discontinued: __________ **Date** _____________________________________

Pharmacy ____

Phone# ____

Doctor ____

Phone#____

Notes:____

____

Drug Name ____

____

Date Started ____________________**Dosage**____________

Times per day_______**Food/empty Stomach/AfterMeal (circle one)**

Cost: Out of Pocket____ **Co-Pay**_______________

Discontinued: __________ **Date** _____________________________________

Pharmacy ____

Phone# ____

Doctor ____

Phone#____

Notes:____

____

Over the Counter Drugs Schedule

Drug Name ____

____

Date Started ____________________ Dosage____________

Times per day_______Food/empty Stomach/AfterMeal (circle one)

Drug Name ____

____

Date Started ____________________ Dosage____________

Times per day_______Food/empty Stomach/AfterMeal (circle one)

Drug Name ____

____

Date Started ____________________ Dosage____________

Times per day_______Food/empty Stomach/AfterMeal (circle one)

Drug Name ____

____

Date Started ____________________ Dosage____________

Times per day_______Food/empty Stomach/AfterMeal (circle one)

Drug Name ____

____

Date Started ____________________ Dosage____________

Times per day_______Food/empty Stomach/AfterMeal (circle one)

Professional Advisors & Memberships

Attorney

Name____

Phone #______________________________Email ________________

Notes ____

____

____

ON Retainer of $ ____________________

Accountant

Name____

Phone #______________________________Email ________________

Notes ____

____

____

ON Retainer of $ ____________________

Financial Advisor

Name____

Phone #______________________________Email ________________

Notes ____

____

____

Responsible for $ ____________________

Trustee of Estate

Name____

Phone #__________________________ **Email** ______________

Notes ____

____

____

ON Retainer of $ __________________

Executor(s) of Estate (Primary)

Name____

Phone #__________________________ **Email** ______________

Notes ____

____

____

Fee based?_______ **if so, $**______________

Executor(s) of Estate (Secondary)

Name____

Phone #__________________________ **Email** ______________

Notes ____

____

____

Fee based?_______ **if so, $**______________

________________ Advisor

Name____

Phone #______________________________**Email** ________________

Notes ____

____

____

Responsible for ______________________________________

________________ Advisor

Name____

Phone #______________________________**Email** ________________

Notes ____

____

____

Responsible for ______________________ ____________________

________________ Advisor

Name____

Phone #______________________________**Email** ________________

Notes ____

____

____

Responsible for ______________________________________

CLUB MEMBERSHIP

Name____

Phone #___________________________Email ________________

Notes ____

____

____

Dues $ ____________Monthly____Semi-Annual_____Annual____

CLUB MEMBERSHIP

Name____

Phone #___________________________Email ________________

Notes ____

____

____

Dues $ ____________Monthly____Semi-Annual_____Annual____

CLUB MEMBERSHIP

Name____

Phone #___________________________Email ________________

Notes ____

____

____

Dues $ ____________Monthly____Semi-Annual_____Annual____

Club Membership

Name____

Phone #___________________________Email __________________

Notes ____

____

____

Dues $ ______________Monthly____Semi-Annual_____Annual____

Club Membership

Name____

Phone #___________________________Email __________________

Notes ____

____

____

Dues $ ______________Monthly____Semi-Annual_____Annual____

Club Membership

Name____

Phone #___________________________Email __________________

Notes ____

____

____

Dues $ ______________Monthly____Semi-Annual_____Annual____

Club Membership

Name____

Phone #___________________________ Email _______________

Notes ____

____

____

Dues $ ____________ Monthly____ Semi-Annual_____ Annual____

Club Membership

Name____

Phone #___________________________ Email _______________

Notes ____

____

____

Dues $ ____________ Monthly____ Semi-Annual_____ Annual____

Club Membership

Name____

Phone #___________________________ Email _______________

Notes ____

____

____

Dues $ ____________ Monthly____ Semi-Annual_____ Annual____

Computer/ Internet/ Social Media/ Email Credentials

Passcodes/Logins

Phone Passcode____________________

Computer PW____________________

Pads Passcode____________________

Home Safe Code____________________

Computer PW____________________

Pads Passcode____________________

TV Passcode ____________________

TV Passcode ____________________

Internet Provider ID ____________________

PW ____________________

Doorlock/Security Alarm____________________

Last Pass or Other PW Platforms____________________

Master PW____________________

Other____________________

EMAIL

Provider Platform____

Personal________________ **Business**________________ **Junk**______________

Email Address ____

PW _______________________________________**Changed**_____

PW _______________________________________**Changed**_____

PW _______________________________________**Changed**_____

PW _______________________________________**Changed**_____

PW _______________________________________**Changed**_____

PW _______________________________________**Changed**_____

PW _______________________________________**Changed**_____

Provider Platform____

Personal________________ **Business**________________ **Junk**______________

Email Address ____

PW _______________________________________**Changed**_____

PW _______________________________________**Changed**_____

PW _______________________________________**Changed**_____

PW _______________________________________**Changed**_____

PW _______________________________________**Changed**_____

PW _______________________________________**Changed**_____

PW _______________________________________**Changed**_____

EMAIL

Provider Platform____

Personal_______________ Business_______________Junk_____________

Email Address ____

PW ____Changed_____

PW ____Changed_____

PW ____Changed_____

PW ____Changed_____

PW ____Changed_____

PW ____Changed_____

PW ____Changed_____

Provider Platform____

Personal_______________ Business_______________Junk_____________

Email Address ____

PW ____Changed_____

PW ____Changed_____

PW ____Changed_____

PW ____Changed_____

PW ____Changed_____

PW ____Changed_____

PW ____Changed_____

YouTube

Provider Platform____

Personal_______________ Business_______________ Junk_____________

YouTube Credentials:____

PW ____Changed_____

PW ____Changed_____

PW ____Changed_____

Email Address ____

PW ____Changed_____

PW ____Changed_____

PW ____Changed_____

PW ____Changed_____

PW ____Changed_____

Provider Platform____

Personal_______________ Business_______________ Junk_____________

YouTube Credentials:____

PW ____Changed_____

PW ____Changed_____

PW ____Changed_____

Email Address ____

PW ____Changed_____

PW ____Changed_____

PW ____Changed_____

PW ____Changed_____

PW ____Changed_____

SOCIAL MEDIA

Provider Platform______________________________

Personal____________ Business____________ Junk____________

Email Address ______________________________

PW ______________________________ Changed_____

PW ______________________________ Changed_____

PW ______________________________ Changed_____

PW ______________________________ Changed_____

PW ______________________________ Changed_____

PW ______________________________ Changed_____

PW ______________________________ Changed_____

Provider Platform______________________________

Personal____________ Business____________ Junk____________

Email Address ______________________________

PW ______________________________ Changed_____

PW ______________________________ Changed_____

PW ______________________________ Changed_____

PW ______________________________ Changed_____

PW ______________________________ Changed_____

PW ______________________________ Changed_____

PW ______________________________ Changed_____

Social Media

Provider Platform____

Personal______________ **Business**______________ **Junk**____________

Email Address ____

PW ______________________________________**Changed**_____

PW ______________________________________**Changed**_____

PW ______________________________________**Changed**_____

PW ______________________________________**Changed**_____

PW ______________________________________**Changed**_____

PW ______________________________________**Changed**_____

PW ______________________________________**Changed**_____

Provider Platform____

Personal______________ **Business**______________ **Junk**____________

Email Address ____

PW ______________________________________**Changed**_____

PW ______________________________________**Changed**_____

PW ______________________________________**Changed**_____

PW ______________________________________**Changed**_____

PW ______________________________________**Changed**_____

PW ______________________________________**Changed**_____

PW ______________________________________**Changed**_____

Social Media

Provider Platform____

Personal______________ Business______________ Junk____________

Email Address ____

PW ____ Changed_____

PW ____ Changed_____

PW ____ Changed_____

PW ____ Changed_____

PW ____ Changed_____

PW ____ Changed_____

PW ____ Changed_____

Provider Platform____

Personal______________ Business______________ Junk____________

Email Address ____

PW ____ Changed_____

PW ____ Changed_____

PW ____ Changed_____

PW ____ Changed_____

PW ____ Changed_____

PW ____ Changed_____

PW ____ Changed_____

Insurance Records

ACCIDENT & HEALTH INSURANCE

Company:____

Website: __________________________

Agent: ____

Phone # ________________Email____________________________

Login Credentials ____

PW____

Insurance Policy #_______________________________

Policy Amount___________________

Premium Amt.__________Premium Due Date: __________________

Beneficiary:____

Beneficiary Phone # ______________________________________

Company:____

Website: __________________________

Agent: ____

Phone # ________________Email____________________________

Login Credentials ____

PW____

Insurance Policy #_______________________________

Policy Amount___________________

Premium Amt.__________Premium Due Date: __________________

Beneficiary:____

Beneficiary Phone # ______________________________________

Accident & Health Insurance

Company:____

Website: _________________________

Agent: ____

Phone # ________________Email__________________________

Login Credentials ___________________________________

PW____

Insurance Policy #______________________________

Policy Amount___________________

Premium Amt.__________Premium Due Date: ___________________

Beneficiary:____

Beneficiary Phone # _______________________________________

Type of Insruance: _______________________________________

Company:____

Company:____

Website: _________________________

Agent: ____

Phone # ________________Email__________________________

Login Credentials ___________________________________

PW____

Insurance Policy #______________________________

Policy Amount___________________

Premium Amt.__________Premium Due Date: ___________________

Beneficiary:____

Beneficiary Phone # _______________________________________

PROPERTY & LIABILITY

Insured Property:____
Company:____________________**Website:** ________________
Agent: ____
Phone # _________________**Email**____________________________
Other than self on Title:______________________________________
Insurance Policy #_________________________ **Amount**____________
Premium Amt.___________**Premium Due Date:** __________________
Beneficiary:____
Beneficiary Phone # ____
Mortgage/Loan ____ **Amount** _____________**Date acquired**__________
Company ____
Premium Amt.___________ **Premium Due Date:** ___________________
Does Property have TOD(Transfer On Death) in effect?___________

Insured Property:____
Company:____________________**Website:** ________________
Agent: ____
Phone # _________________**Email**____________________________
Other than self on Title:______________________________________
Insurance Policy #_________________________ **Amount**____________
Premium Amt.___________**Premium Due Date:** __________________
Beneficiary:____
Beneficiary Phone # ____
Mortgage/Loan ____ **Amount** _____________**Date acquired**__________
Company ____
Premium Amt.___________ **Premium Due Date:** ___________________
Does Property have TOD(Transfer On Death) in effect?___________

Property & Liability

Insured Property:______________________________________

Company:______________________ **Website:** __________________

Agent: ____

Phone # ___________________ **Email**________________________________

Other than self on Title:____________________________________

Insurance Policy #____________________________ **Amount**______________

Premium Amt.____________ **Premium Due Date:** ____________________

Beneficiary:____

Beneficiary Phone # ____

Mortgage/Loan ____ **Amount** _______________ **Date acquired**___________

Company ____

Premium Amt.____________ **Premium Due Date:** _____________________

Does Property have TOD(Transfer On Death) in effect?____________

Insured Property:______________________________________

Company:______________________ **Website:** __________________

Agent: ____

Phone # ___________________ **Email**________________________________

Other than self on Title:____________________________________

Insurance Policy #____________________________ **Amount**______________

Premium Amt.____________ **Premium Due Date:** ____________________

Beneficiary:____

Beneficiary Phone # ____

Mortgage/Loan ____ **Amount** _______________ **Date acquired**___________

Company ____

Premium Amt.____________ **Premium Due Date:** _____________________

Does Property have TOD(Transfer On Death) in effect?____________

Property & Liability

Insured Property:____

Company:____________________**Website:** ________________

Agent: ____

Phone # _________________**Email**____________________________

Other than self on Title:____

Insurance Policy #_________________________ **Amount**_____________

Premium Amt.___________**Premium Due Date:** __________________

Beneficiary:____

Beneficiary Phone # ____

Mortgage/Loan ____ **Amount** _____________**Date acquired**__________

Company ____

Premium Amt.___________ **Premium Due Date:** ___________________

Does Property have TOD(Transfer On Death) in effect?___________

Insured Property:____

Company:____________________**Website:** ________________

Agent: ____

Phone # _________________**Email**____________________________

Other than self on Title:____

Insurance Policy #_________________________ **Amount**_____________

Premium Amt.___________**Premium Due Date:** __________________

Beneficiary:____

Beneficiary Phone # ____

Mortgage/Loan ____ **Amount** _____________**Date acquired**__________

Company ____

Premium Amt.___________ **Premium Due Date:** ___________________

Does Property have TOD(Transfer On Death) in effect?___________

FINANCIAL RECORDS

Bank Accounts/Credit Union Accounts

Institution Name: ____

Website: ________________________ **Phone #** ______________________

Institution Address ____

Account #______________________________ **Personal**___ **Business** ___

User Name:___________________________ **P/W** ____________________

Signatures other than self on account ___________________________

Beneficiary:____

Beneficiary Phone # ____

Note:____

____

____

Institution Name: ____

Website: ________________________ **Phone #** ______________________

Institution Address ____

Account #______________________________ **Personal**___ **Business** ___

User Name:___________________________ **P/W** ____________________

Signatures other than self on account ___________________________

Beneficiary:____

Beneficiary Phone # ____

Note:____

____

____

Bank Accounts/Credit Union Accounts

Institution Name: ____

Website: ________________________ Phone # ______________________

Institution Address ____

Account # ______________________________ Personal___ Business ___

User Name: ___________________________ P/W ____________________

Signatures other than self on account ___________________________

Beneficiary: ____

Beneficiary Phone # ____

Note: ____

____

____

Institution Name: ____

Website: ________________________ Phone # ______________________

Institution Address ____

Account # ______________________________ Personal___ Business ___

User Name: ___________________________ P/W ____________________

Signatures other than self on account ___________________________

Beneficiary: ____

Beneficiary Phone # ____

Note: ____

____

____

Saving Accounts

Institution Name: ____

Website: ______________________Phone # ____________________

Institution Address ____

Account #____________________________Personal___Business ___

User Name:__________________________ P/W ___________________

Signatures other than self on account __________________________

Date opened:_____________Rate__________

Note:____

Institution Name: ____

Website: ______________________Phone # ____________________

Institution Address ____

Account #____________________________Personal___Business ___

User Name:__________________________ P/W ___________________

Signatures other than self on account __________________________

Date opened:_____________Rate__________

Note:____

Institution Name: ____

Website: ______________________Phone # ____________________

Institution Address ____

Account #____________________________Personal___Business ___

User Name:__________________________ P/W ___________________

Signatures other than self on account __________________________

Date opened:_____________Rate__________

Note:____

Certificates of Deposit /Mutual Funds Accounts

Institution Name: ______________________________

Website: ____________________ **Phone #** ____________________

Institution Address ______________________________

Account #____________________

User Name:____________________ **P/W** ____________________

Signatures on account ______________________________

Signatures on account ______________________________

Date opened:______________ **Term**__________ **Rate**__________

Note:______________________________

Institution Name: ______________________________

Website: ____________________ **Phone #** ____________________

Institution Address ______________________________

Account #____________________

User Name:____________________ **P/W** ____________________

Signatures on account ______________________________

Signatures on account ______________________________

Date opened:______________ **Term**__________ **Rate**__________

Note:______________________________

Institution Name: ______________________________

Website: ____________________ **Phone #** ____________________

Institution Address ______________________________

Account #____________________

User Name:____________________ **P/W** ____________________

Signatures on account ______________________________

Signatures on account ______________________________

Date opened:______________ **Term**__________ **Rate**__________

Retirement/Brokerage Accounts

Type of Account ______________________________

Institution Name: ______________________________

Website: ______________________________

Institution Address ______________________________

Name on account ______________________________

Account #______________________ Phone # ______________________

User Name:______________________ P/W ______________________

Security Code or PIN ______________________________

Primary Beneficiary:______________________________

Beneficiary Phone # ______________________________

Secondary Beneficiary:______________________________

Beneficiary Phone # ______________________________

Notes:______________________________

Type of Account ______________________________

Institution Name: ______________________________

Website: ______________________________

Institution Address ______________________________

Name on account ______________________________

Account #______________________ Phone # ______________________

User Name:______________________ P/W ______________________

Security Code or PIN ______________________________

Primary Beneficiary:______________________________

Beneficiary Phone # ______________________________

Secondary Beneficiary:______________________________

Beneficiary Phone # ______________________________

Notes:______________________________

Retirement/Brokerage Accounts

Type of Account ______________________________
Institution Name: ______________________________
Website: ______________________________
Institution Address ______________________________
Name on account ______________________________
Account #______________**Phone #** ______________
User Name:______________ **P/W** ______________
Security Code or PIN ______________________________
Primary Beneficiary:______________________________
Beneficiary Phone # ______________________________
Secondary Beneficiary:______________________________
Beneficiary Phone # ______________________________
Notes:______________________________

Type of Account ______________________________
Institution Name: ______________________________
Website: ______________________________
Institution Address ______________________________
Name on account ______________________________
Account #______________**Phone #** ______________
User Name:______________ **P/W** ______________
Security Code or PIN ______________________________
Primary Beneficiary:______________________________
Beneficiary Phone # ______________________________
Secondary Beneficiary:______________________________
Beneficiary Phone # ______________________________
Notes:______________________________

Retirement/Brokerage Accounts

Type of Account ______________________________
Institution Name: ______________________________
Website: ______________________________
Institution Address ______________________________
Name on account ______________________________
Account #______________________ Phone # ______________
User Name:______________________ P/W ______________
Security Code or PIN ______________________________
Primary Beneficiary:______________________________
Beneficiary Phone # ______________________________
Secondary Beneficiary:______________________________
Beneficiary Phone # ______________________________
Notes:______________________________

Type of Account ______________________________
Institution Name: ______________________________
Website: ______________________________
Institution Address ______________________________
Name on account ______________________________
Account #______________________ Phone # ______________
User Name:______________________ P/W ______________
Security Code or PIN ______________________________
Primary Beneficiary:______________________________
Beneficiary Phone # ______________________________
Secondary Beneficiary:______________________________
Beneficiary Phone # ______________________________
Notes:______________________________

SAVING BONDS

Location ____
Purchased for ____
Date Issued ____
Cost __________ Series # ________________________________
Number of Bonds in this Series ___________________________
Maturity Value _____________ Maturity Date _______________

Location ____
Purchased for ____
Date Issued ____
Cost __________ Series # ________________________________
Number of Bonds in this Series ___________________________
Maturity Value _____________ Maturity Date _______________

Location ____
Purchased for ____
Date Issued ____
Cost __________ Series # ________________________________
Number of Bonds in this Series ___________________________
Maturity Value _____________ Maturity Date _______________

Location ____
Purchased for ____
Date Issued ____
Cost __________ Series # ________________________________
Number of Bonds in this Series ___________________________
Maturity Value _____________ Maturity Date _______________

Saving Bonds

Location ____

Purchased for ____

Date Issued ____

Cost __________ Series # ________________________________

Number of Bonds in this Series ________________________

Maturity Value ____________ Maturity Date ________________

Location ____

Purchased for ____

Date Issued ____

Cost __________ Series # ________________________________

Number of Bonds in this Series ________________________

Maturity Value ____________ Maturity Date ________________

Location ____

Purchased for ____

Date Issued ____

Cost __________ Series # ________________________________

Number of Bonds in this Series ________________________

Maturity Value ____________ Maturity Date ________________

Location ____

Purchased for ____

Date Issued ____

Cost __________ Series # ________________________________

Number of Bonds in this Series ________________________

Maturity Value ____________ Maturity Date ________________

Saving Bonds

Location ____________________

Purchased for ____________________

Date Issued ____________________

Cost __________ Series # ____________________

Number of Bonds in this Series ____________________

Maturity Value ____________ Maturity Date ____________________

Location ____________________

Purchased for ____________________

Date Issued ____________________

Cost __________ Series # ____________________

Number of Bonds in this Series ____________________

Maturity Value ____________ Maturity Date ____________________

Location ____________________

Purchased for ____________________

Date Issued ____________________

Cost __________ Series # ____________________

Number of Bonds in this Series ____________________

Maturity Value ____________ Maturity Date ____________________

Location ____________________

Purchased for ____________________

Date Issued ____________________

Cost __________ Series # ____________________

Number of Bonds in this Series ____________________

Maturity Value ____________ Maturity Date ____________________

Safety Deposit Boxes

Location: ______________________________

Date Opened: ______________________________

Institution Name: ______________________________

Institution Address: ______________________________

Name on account : ______________________________

Account Box #: ______________________

User Name: ______________________ P/W ______________________

Security Code or PIN ______________________________

Primary Beneficiary: ______________________________

Contents: ______________________________

____

Information necessary to access contents: ______________________________

____

Location: ______________________________

Date Opened: ______________________________

Institution Name: ______________________________

Institution Address: ______________________________

Name on account : ______________________________

Account Box #: ______________________

User Name: ______________________ P/W ______________________

Security Code or PIN ______________________________

Primary Beneficiary: ______________________________

Contents: ______________________________

____

Information necessary to access contents: ______________________________

____

Receivables and Assets

CRYPTO

Location: ______________________________

Date Opened: ______________________________

Institution Name: ______________________________

Institution Address: ______________________________

Name on account : ______________________________

Account Box #: ______________

User Name: ______________ P/W ______________

Security Code or PIN ______________________________

Primary Beneficiary: ______________________________

Contents: ______________________________

____

Information necessary to access contents: ______________

____

____

Location: ______________________________

Date Opened: ______________________________

Institution Name: ______________________________

Institution Address: ______________________________

Name on account : ______________________________

Account Box #: ______________

User Name: ______________ P/W ______________

Security Code or PIN ______________________________

Primary Beneficiary: ______________________________

Contents: ______________________________

____

Information necessary to access contents: ______________

____

____

Crypto

Location: ______________________________

Date Opened: ______________________________

Institution Name: ______________________________

Institution Address: ______________________________

Name on account : ______________________________

Account Box #: ______________

User Name: ______________ P/W ______________

Security Code or PIN ______________________________

Primary Beneficiary: ______________________________

Contents: ______________________________

____

Information necessary to access contents: ______________

____

____

Location: ______________________________

Date Opened: ______________________________

Institution Name: ______________________________

Institution Address: ______________________________

Name on account : ______________________________

Account Box #: ______________

User Name: ______________ P/W ______________

Security Code or PIN ______________________________

Primary Beneficiary: ______________________________

Contents: ______________________________

____

Information necessary to access contents: ______________

____

____

Real Estate

Location: ______________________________

Date Acquired: ______________________________

Description: _____ ______________________________

Property Address: ______________________________

Name(s) on Deed: ______________________________

Mortgaged? ________ Mortgage Holder ______________________________

Mortgage Amt: ______________________ Terms: ________________

Payment Amt: ______________________ Due Date: ________________

User Name: ______________________ P/W ________________

Security Code or PIN ______________________________

Primary Beneficiary: ______________________________

Insured? _____ Type: ___________ Amount: ________________

Family Heirloom? _________ Estimated CMV ________________

Location: ______________________________

Date Acquired: ______________________________

Description: _____ ______________________________

Property Address: ______________________________

Name(s) on Deed: ______________________________

Mortgaged? ________ Mortgage Holder ______________________________

Mortgage Amt: ______________________ Terms: ________________

Payment Amt: ______________________ Due Date: ________________

User Name: ______________________ P/W ________________

Security Code or PIN ______________________________

Primary Beneficiary: ______________________________

Insured? _____ Type: ___________ Amount: ________________

Family Heirloom? _________ Estimated CMV ________________

REAL ESTATE

Location: ______________________________

Date Acquired: ______________________________

Description: _____ ______________________________

Property Address: ______________________________

Name(s) on Deed: ______________________________

Mortgaged? ________ Mortgage Holder ______________________________

Mortgage Amt: ________________________ Terms: ________________

Payment Amt: ________________________ Due Date: ________________

User Name: ________________________ P/W ________________

Security Code or PIN ______________________________

Primary Beneficiary: ______________________________

Insured? _____ Type: ___________ Amount: ________________

Family Heirloom? _________ Estimated CMV ________________

Location: ______________________________

Date Acquired: ______________________________

Description: _____ ______________________________

Property Address: ______________________________

Name(s) on Deed: ______________________________

Mortgaged? ________ Mortgage Holder ______________________________

Mortgage Amt: ________________________ Terms: ________________

Payment Amt: ________________________ Due Date: ________________

User Name: ________________________ P/W ________________

Security Code or PIN ______________________________

Primary Beneficiary: ______________________________

Insured? _____ Type: ___________ Amount: ________________

Family Heirloom? _________ Estimated CMV ________________

Real Estate

Location: ____________________

Date Acquired: ____________________

Description: ______ ____________________

Property Address: ____________________

Name(s) on Deed: ____________________

Mortgaged? ________ Mortgage Holder ____________________

Mortgage Amt: ____________________ Terms: ____________________

Payment Amt: ____________________ Due Date: ____________________

User Name: ____________________ P/W ____________________

Security Code or PIN ____________________

Primary Beneficiary: ____________________

Insured? ______ Type: ____________ Amount: ____________________

Family Heirloom? __________ Estimated CMV ____________________

Location: ____________________

Date Acquired: ____________________

Description: ______ ____________________

Property Address: ____________________

Name(s) on Deed: ____________________

Mortgaged? ________ Mortgage Holder ____________________

Mortgage Amt: ____________________ Terms: ____________________

Payment Amt: ____________________ Due Date: ____________________

User Name: ____________________ P/W ____________________

Security Code or PIN ____________________

Primary Beneficiary: ____________________

Insured? ______ Type: ____________ Amount: ____________________

Family Heirloom? __________ Estimated CMV ____________________

Other

Location: ____________________

Date Acquired: ____________________

Description: _____ ____________________

Property Address: ____________________

Name(s) on Deed: ____________________

Mortgaged? ________ Mortgage Holder ____________________

Mortgage Amt: ____________________ Terms: ____________________

Payment Amt: ____________________ Due Date: ____________________

User Name: ____________________ P/W ____________________

Security Code or PIN ____________________

Primary Beneficiary: ____________________

Insured? _____ Type: ____________ Amount: ____________________

Family Heirloom? __________ Estimated CMV ____________________

Location: ____________________

Date Acquired: ____________________

Description: _____ ____________________

Property Address: ____________________

Name(s) on Deed: ____________________

Mortgaged? ________ Mortgage Holder ____________________

Mortgage Amt: ____________________ Terms: ____________________

Payment Amt: ____________________ Due Date: ____________________

User Name: ____________________ P/W ____________________

Security Code or PIN ____________________

Primary Beneficiary: ____________________

Insured? _____ Type: ____________ Amount: ____________________

Family Heirloom? __________ Estimated CMV ____________________

Insured? _____ Type: ____________ Amount: ____________________

Family Heirloom? __________ Estimated CMV ____________________

RECEIVABLES

Money Loaned to: ____

Phone: ____

Address: ____

Purpose: ____

____

Terms: ________________ **Original Amt:** ________________________

Payment Amt...: ____________________

Payment Due Date: ________________________ **Late Fee:** ______________

Account # ___________________________________

Paid in Full _____ **Date:** ____

Nots: ____

____

Loan treated as gift upon death? __________________________

Money Loaned to: ____

Phone: ____

Address: ____

Purpose: ____

____

Terms: ________________ **Original Amt:** ________________________

Payment Amt...: ____________________

Payment Due Date: ________________________ **Late Fee:** ______________

Account # ___________________________________

Paid in Full _____ **Date:** ____

Nots: ____

____

Loan treated as gift upon death? __________________________

Receivables

Money/Asset Loaned to: ____________________________________
Phone:____
Address:____
Purpose:____
____
Terms:______________ Original Amt: __________________
Payment Amt:________________
Payment Due Date: ______________________ Late Fee:____________
Account # _______________________________
Paid in Full _____ Date:_________________________________
Nots:____
____
Loan treated as gift upon death?_______________________

Money/Asset Loaned to: ____________________________________
Phone:____
Address:____
Purpose:____
____
Terms:______________ Original Amt: __________________
Payment Amt:________________
Payment Due Date: ______________________ Late Fee:____________
Account # _______________________________
Paid in Full _____ Date:_________________________________
Nots:____
____
Loan treated as gift upon death?_______________________

Receivables

Money/Asset Loaned to: ______________________________

Phone: ______________________________

Address: ______________________________

Purpose: ______________________________

____

Terms: ______________ Original Amt: ______________

Payment Amt: ______________

Payment Due Date: ______________ Late Fee: ______________

Account # ______________________________

Paid in Full _____ Date: ______________________________

Nots: ______________________________

____

Loan treated as gift upon death? ______________________

Money/Asset Loaned to: ______________________________

Phone: ______________________________

Address: ______________________________

Purpose: ______________________________

____

Terms: ______________ Original Amt: ______________

Payment Amt...: ______________

Payment Due Date: ______________ Late Fee: ______________

Account # ______________________________

Paid in Full _____ Date: ______________________________

Nots: ______________________________

____

Loan treated as gift upon death? ______________________

Credit/Debt Records

LOANS

Lender name: ____

Website:________________________ Phone:______________________

Contact:____

Purpose:____

____

Terms:______________ Original Amt: __________________________

Date Acquired: __________________ Payment Amt:________________

Payment Due Date: ______________________ Late Fee:____________

Account # ______________________________

Paid in Full _____ Date:_______________________________________

User Name: _________________________P/W _____________________

Insured?___ Beneficiary:____

Beneficiary Phone #:____

Lender name: ____

Website:________________________ Phone:______________________

Contact:____

Purpose:____

____

Terms:______________ Original Amt: __________________________

Date Acquired: __________________ Payment Amt:________________

Payment Due Date: ______________________ Late Fee:____________

Account # ______________________________

Paid in Full _____ Date:_______________________________________

User Name: _________________________P/W _____________________

Insured?___ Beneficiary:____

Beneficiary Phone #:____

LOANS

Lender name: ____

Website:________________________ Phone:_______________________

Contact:____

Purpose:____

____

Terms:______________ Original Amt: ___________________________

Date Acquired: __________________ Payment Amt:________________

Payment Due Date: ______________________ Late Fee:_____________

Account # ______________________________

Paid in Full _____ Date:_______________________________________

User Name: _________________________ P/W ___________________

Insured?___ Beneficiary:______________________________________

Beneficiary Phone #:____

Lender name: ____

Website:________________________ Phone:_______________________

Contact:____

Purpose:____

____

Terms:______________ Original Amt: ___________________________

Date Acquired: __________________ Payment

Amt.:_________________

Payment Due Date: ______________________ Late Fee:_____________

Account # ______________________________

Paid in Full _____ Date:_______________________________________

User Name: _________________________ P/W ___________________

Insured?___ Beneficiary:______________________________________

Beneficiary Phone #:____

Loans

Lender name: ______________________________

Website: ____________________ Phone: ____________________

Contact: ______________________________

Purpose: ______________________________

____

Terms: ____________ Original Amt: ____________

Date Acquired: ____________ Payment Amt: ____________

Payment Due Date: ____________ Late Fee: ____________

Account # ____________________

Paid in Full _____ Date: ____________________

User Name: ____________________ P/W ____________

Insured? ___ Beneficiary: ____________________

Beneficiary Phone #: ____________________

Lender name: ______________________________

Website: ____________________ Phone: ____________________

Contact: ______________________________

Purpose: ______________________________

____

Terms: ____________ Original Amt: ____________

Date Acquired: ____________ Payment Amt: ____________

Payment Due Date: ____________ Late Fee: ____________

Account # ____________________

Paid in Full _____ Date: ____________________

User Name: ____________________ P/W ____________

Insured? ___ Beneficiary: ____________________

Beneficiary Phone #: ____________________

Automobiles/Motor Vehicles

Lender name: ____________________

Website: ____________________ Phone: ____________________

Contact: ____________________

Terms: ______________ Original Amt: ____________________

Date Acquired: ____________________ Payment Amt: ____________________

Payment Due Date: ____________________ Late Fee: ______________

Account # ____________________

Paid Off _____ Title Attached ____________ Sold/Traded ______________

User Name: ____________________ P/W ____________________

Insured? ___ Beneficiary: ____________________

Beneficiary Phone #: ____________________

Note: ____________________

____

Lender name: ____________________

Website: ____________________ Phone: ____________________

Contact: ____________________

Terms: ______________ Original Amt: ____________________

Date Acquired: ____________________ Payment Amt: ____________________

Payment Due Date: ____________________ Late Fee: ______________

Account # ____________________

Paid Off _____ Title Attached ____________ Sold/Traded ______________

User Name: ____________________ P/W ____________________

Insured? ___ Beneficiary: ____________________

Beneficiary Phone #: ____________________

Note: ____________________

____

AUTOMOBILES/MOTOR VEHICLES

Lender name: ____

Website:______________________Phone:_____________________

Contact:____

Terms:_____________ Original Amt: _________________________

Date Acquired: _________________ Payment Amt:_______________

Payment Due Date: ____________________ Late Fee:____________

Account # ____________________________

Paid Off _____Title Attached ____________Sold/Traded_____________

User Name: _______________________P/W ___________________

Insured?___ Beneficiary:_____________________________________

Beneficiary Phone #:____

Note:____

____

Lender name: ____

Website:______________________Phone:_____________________

Contact:____

Terms:_____________ Original Amt: _________________________

Date Acquired: _________________ Payment Amt:_______________

Payment Due Date: ____________________ Late Fee:____________

Account # ____________________________

Paid Off _____Title Attached ____________Sold/Traded_____________

User Name: _______________________P/W ___________________

Insured?___ Beneficiary:_____________________________________

Beneficiary Phone #:____

Note:____

____

Automobiles/Motor Vehicles

Lender name: ______________________________

Website: ______________________ Phone: ______________________

Contact: ______________________________

Terms: ____________ Original Amt: ______________________

Date Acquired: ________________ Payment Amt: ________________

Payment Due Date: ____________________ Late Fee: ____________

Account # ______________________________

Paid Off _____ Title Attached ____________ Sold/Traded ____________

User Name: ______________________ P/W ____________________

Insured? ___ Beneficiary: ______________________________

Beneficiary Phone #: ______________________________

Note: ______________________________

____

Lender name: ______________________________

Website: ______________________ Phone: ______________________

Contact: ______________________________

Terms: ____________ Original Amt: ______________________

Date Acquired: ________________ Payment Amt: ________________

Payment Due Date: ____________________ Late Fee: ____________

Account # ______________________________

Paid Off _____ Title Attached ____________ Sold/Traded ____________

User Name: ______________________ P/W ____________________

Insured? ___ Beneficiary: ______________________________

Beneficiary Phone #: ______________________________

Note: ______________________________

____

BANK CARDS

Card Company ____

Website ______________________________ Credit Limit _____________

Name on Card ____

Account # ___________________________ Exp. date _______________

User Name _________________________ P/W _____________________

Phone # if Lost/stolen ______________________________________

Note: ____

Card Company ____

Website ______________________________ Credit Limit _____________

Name on Card ____

Account # ___________________________ Exp. date _______________

User Name _________________________ P/W _____________________

Phone # if Lost/stolen ______________________________________

Note: ____

Card Company ____

Website ______________________________ Credit Limit _____________

Name on Card ____

Account # ___________________________ Exp. date _______________

User Name _________________________ P/W _____________________

Phone # if Lost/stolen ______________________________________

Note: ____

Bank Cards

Card Company ______________________________

Website ______________________ Credit Limit __________

Name on Card ______________________________

Account # ____________________ Exp. date __________

User Name __________________ P/W ______________

Phone # if Lost/stolen ______________________

Note: ______________________________

Card Company ______________________________

Website ______________________ Credit Limit __________

Name on Card ______________________________

Account # ____________________ Exp. date __________

User Name __________________ P/W ______________

Phone # if Lost/stolen ______________________

Note: ______________________________

Card Company ______________________________

Website ______________________ Credit Limit __________

Name on Card ______________________________

Account # ____________________ Exp. date __________

User Name __________________ P/W ______________

Phone # if Lost/stolen ______________________

Note: ______________________________

BANK CARDS

Card Company ______________________________________

Website ____________________________ Credit Limit ___________

Name on Card ______________________________________

Account # ________________________ Exp. date ______________

User Name _______________________ P/W ___________________

Phone # if Lost/stolen _____________________________

Note: ____

Card Company ______________________________________

Website ____________________________ Credit Limit ___________

Name on Card ______________________________________

Account # ________________________ Exp. date ______________

User Name _______________________ P/W ___________________

Phone # if Lost/stolen _____________________________

Note: ____

Card Company ______________________________________

Website ____________________________ Credit Limit ___________

Name on Card ______________________________________

Account # ________________________ Exp. date ______________

User Name _______________________ P/W ___________________

Phone # if Lost/stolen _____________________________

Note: ____

Travel & Entertainment Cards

Card Company ____

Website ______________________________Credit Limit ____________

Name on Card ____

Account # ___________________________ Exp. date _______________

User Name _________________________ P/W _____________________

Phone # if Lost/stolen _______________________________________

Note:____

Card Company ____

Website ______________________________Credit Limit ____________

Name on Card ____

Account # ___________________________ Exp. date _______________

User Name _________________________ P/W _____________________

Phone # if Lost/stolen _______________________________________

Note:____

Card Company ____

Website ______________________________Credit Limit ____________

Name on Card ____

Account # ___________________________ Exp. date _______________

User Name _________________________ P/W _____________________

Phone # if Lost/stolen _______________________________________

Note:____

Airline & Hotel Cards

Card Company ____

Website ______________________________ Credit Limit ____________

Name on Card ____

Account # ___________________________ Exp. date _______________

User Name _________________________ P/W _____________________

Upon death Points/Miles etc transferred to:

Beneficiary: ____

Beneficiary Phone #: ____

Phone # if Lost/stolen _______________________________________

Note: ____

Card Company ____

Website ______________________________ Credit Limit ____________

Name on Card ____

Account # ___________________________ Exp. date _______________

User Name _________________________ P/W _____________________

Upon death Points/Miles etc transferred to:

Beneficiary: ____

Beneficiary Phone #: ____

Phone # if Lost/stolen _______________________________________

Note: ____

Airline & Hotel Cards

Card Company ______________________________

Website ______________________ Credit Limit __________

Name on Card ______________________________

Account # ____________________ Exp. date __________

User Name ____________________ P/W ______________

Upon death Points/Miles etc transferred to:

Beneficiary: ______________________________

Beneficiary Phone #: ______________________

Phone # if Lost/stolen ____________________

Note: ______________________________

Card Company ______________________________

Website ______________________ Credit Limit __________

Name on Card ______________________________

Account # ____________________ Exp. date __________

User Name ____________________ P/W ______________

Upon death Points/Miles etc transferred to:

Beneficiary: ______________________________

Beneficiary Phone #: ______________________

Phone # if Lost/stolen ____________________

Note: ______________________________

Oil Company Cards

Card Company ____

Website ______________________________ Credit Limit ____________

Name on Card ____

Account # ___________________________ Exp. date _______________

User Name _________________________ P/W _____________________

Phone # if Lost/stolen ____

Note:____

Card Company ____

Website ______________________________ Credit Limit ____________

Name on Card ____

Account # ___________________________ Exp. date _______________

User Name _________________________ P/W _____________________

Phone # if Lost/stolen ____

Note:____

Card Company ____

Website ______________________________ Credit Limit ____________

Name on Card ____

Account # ___________________________ Exp. date _______________

User Name _________________________ P/W _____________________

Phone # if Lost/stolen ____

Note:____

AUTOMATIC AND RECURRING PAYMENTS

Payment Frequency: Monthly: ____ Semi-Annual:____ Annual: _____

Payment Amt...: __________________Payment

Date:_________________

Payment Method: CC___Bank Acct ____Zelle_____ Other___________

CC/Bank Acct #____

Paid To: ____

AUTOMATIC PAYMENTS

Website ____

Purpose:____

Account # ____

User Name _________________________ P/W ____________________

Cancel upon death:___ Contact:______________________________

Phone# ____

Payment Frequency: Monthly: ____ Semi-Annual:____ Annual: _____

Payment Amt...: __________________Payment

Date:_________________

Payment Method: CC___Bank Acct ____Zelle_____ Other___________

CC/Bank Acct #____

Paid To: ____

AUTOMATIC PAYMENTS

Website ____

Purpose:____

Account # ____

User Name _________________________ P/W ____________________

Cancel upon death:___ Contact:______________________________

Phone# ____

Payment Frequency: Monthly: ____ Semi-Annual:____ Annual: _____

Payment Amt...: __________________Payment

Date:_________________

Payment Method: CC___Bank Acct ____Zelle_____ Other___________

CC/Bank Acct #____

Paid To: ____

AUTOMATIC PAYMENTS

Website ____

Purpose:____

Account # ____

User Name _________________________ P/W ____________________

Cancel upon death:___ Contact:_______________________________

Phone# ____

Payment Frequency: Monthly: ____ Semi-Annual:____ Annual: _____

Payment Amt...: __________________Payment

Date:_________________

Payment Method: CC___Bank Acct ____Zelle_____ Other___________

CC/Bank Acct #____

Paid To: ____

AUTOMATIC PAYMENTS

Website ____

Purpose:____

Account # ____

User Name _________________________ P/W ____________________

Cancel upon death:___ Contact:_______________________________

Phone# ____

Payment Frequency: Monthly: ____ Semi-Annual:____ Annual: _____

Payment Amt...: __________________Payment

Date:_________________

Payment Method: CC___Bank Acct ____Zelle_____ Other___________

CC/Bank Acct #____

Paid To: ____

AUTOMATIC PAYMENTS

Website ____

Purpose:____

Account # ____

User Name _________________________ P/W _____________________

Cancel upon death:___ Contact:_______________________________

Phone# ____

Payment Frequency: Monthly: ____ Semi-Annual:____ Annual: _____

Payment Amt...: __________________Payment

Date:_________________

Payment Method: CC___Bank Acct ____Zelle_____ Other___________

CC/Bank Acct #____

Paid To: ____

AUTOMATIC PAYMENTS

Website ____

Purpose:____

Account # ____

User Name _________________________ P/W _____________________

Cancel upon death:___ Contact:_______________________________

Phone# ____

Payment Frequency: Monthly: ____ Semi-Annual:____ Annual: _____

Payment Amt...: __________________Payment

Date:_________________

Payment Method: CC___Bank Acct ____Zelle_____ Other___________

CC/Bank Acct #____

Paid To: ____

AUTOMATIC PAYMENTS

Website ____

Purpose:____

Account # ____

User Name _________________________ P/W _____________________

Cancel upon death:___ Contact:________________________________

Phone# ____

Payment Frequency: Monthly: ____ Semi-Annual:____ Annual: _____

Payment Amt...: __________________Payment

Date:_________________

Payment Method: CC___Bank Acct ____Zelle_____ Other___________

CC/Bank Acct #____

Paid To: ____

AUTOMATIC PAYMENTS

Website ____

Purpose:____

Account # ____

User Name _________________________ P/W _____________________

Cancel upon death:___ Contact:________________________________

Phone# ____

Payment Frequency: Monthly: ____ Semi-Annual:____ Annual: _____

Payment Amt...: __________________ Payment

Date:_________________

Payment Method: CC___Bank Acct ____Zelle_____ Other___________

CC/Bank Acct #____

Paid To: ____

AUTOMATIC PAYMENTS

Website ____

Purpose:____

Account # ____

User Name _________________________ P/W ____________________

Cancel upon death:___ Contact:______________________________

Phone# ____

Payment Frequency: Monthly: ____ Semi-Annual:____ Annual: _____

Payment Amt...: __________________ Payment

Date:_________________

Payment Method: CC___Bank Acct ____Zelle_____ Other___________

CC/Bank Acct #____

Paid To: ____

AUTOMATIC PAYMENTS

Website ____

Purpose:____

Account # ____

User Name _________________________ P/W ____________________

Cancel upon death:___ Contact:______________________________

Phone# ____

Payment Frequency: Monthly: ____ Semi-Annual:____ Annual: _____

Payment Amt...: __________________Payment

Date:_________________

Payment Method: CC___Bank Acct ____Zelle_____ Other___________

CC/Bank Acct #____

Paid To: ____

AUTOMATIC PAYMENTS

Website ____

Purpose:____

Account # ____

User Name _________________________ P/W _____________________

Cancel upon death:___ Contact:_______________________________

Phone# ____

Payment Frequency: Monthly: ____ Semi-Annual:____ Annual: _____

Payment Amt...: __________________Payment

Date:_________________

Payment Method: CC___Bank Acct ____Zelle_____ Other___________

CC/Bank Acct #____

Paid To: ____

AUTOMATIC PAYMENTS

Website ____

Purpose:____

Account # ____

User Name _________________________ P/W _____________________

Cancel upon death:___ Contact:_______________________________

Phone# ____

Payment Frequency: Monthly: ____ Semi-Annual:____ Annual: _____

Payment Amt...: __________________Payment

Date:_________________

Payment Method: CC___Bank Acct ____Zelle_____ Other___________

CC/Bank Acct #____

Paid To: ____

AUTOMATIC PAYMENTS

Website ____

Purpose:____

Account # ____

User Name _________________________ P/W _____________________

Cancel upon death:___ Contact:_______________________________

Phone# ____

Payment Frequency: Monthly: ____ Semi-Annual:____ Annual: _____

Payment Amt...: __________________Payment

Date:_________________

Payment Method: CC___Bank Acct ____Zelle_____ Other___________

CC/Bank Acct #____

Paid To: ____

AUTOMATIC PAYMENTS

Website ____

Purpose:____

Account # ____

User Name _________________________ P/W _____________________

Cancel upon death:___ Contact:_______________________________

Phone# ____

Payment Frequency: Monthly: ____ Semi-Annual:____ Annual: _____

Payment Amt...: __________________Payment

Date:_________________

Payment Method: CC___Bank Acct ____Zelle_____ Other___________

CC/Bank Acct #____

Paid To: ____

AUTOMATIC PAYMENTS

Website ____

Purpose:____

Account # ____

User Name _________________________ P/W _________________

Cancel upon death:___ Contact:_______________________________

Phone# ____

Payment Frequency: Monthly: ____ Semi-Annual:____ Annual: _____

Payment Amt...: __________________Payment

Date:_________________

Payment Method: CC___Bank Acct ____Zelle_____ Other___________

CC/Bank Acct #____

Paid To: ____

AUTOMATIC PAYMENTS

Website ____

Purpose:____

Account # ____

User Name _________________________ P/W _________________

Cancel upon death:___ Contact:_______________________________

Phone# ____

LEGAL DOCUMENTS

DNR

Advance Directive - Do Not Resuscitate (DNR)
(Also called a Living Will & Durable Power of Attorney)

Texas Out of Hospital Do Not Resuscitate Program (OOH DNA) Release

Name (Person in Charge):________________________________
Phone #____
Location:_______________________________________
____

Durable Power of Attorney for Healthcare and HIPAA Release

Name (Person in Charge):________________________________
Phone #____
Location:_______________________________________
____

Last Will & Testament Trust - Revocable or Irrevocable Release

Name (Person in Charge):________________________________
Phone #____
Location:_______________________________________
____

Hand Written Wills and Addendums

WILLS

A will is a written document detailing instructions as to how you want your assets divided up after your death. You might also include information as to a child's guardianship, how (or if) you are to be buried and the appointment of an executor of your will. The two main types of wills are:

- attested
- holographic

The attested will is the most common. It's usually prepared by a lawyer in typewritten form, signed in front of several witnesses who have no benefit in the will whatsoever.

The holographic will is made without a lawyer, written on plain paper in your handwriting, dated and signed. This is not legal advice. I am not a lawyer and the above is information only and not legal advice. Consult a lawyer for legal advice for estate planning.

Collectibles/ Heirlooms

Item(s) ____

____

____

Location ____

____

____

Date acquired ______________________ **Value** ______________________

Notes:

____

____

Item(s) ____

____

____

Location ____

____

____

Date acquired ______________________ **Value** ______________________

Notes:

____

____

Item(s) ____

____

____

Location ____

____

____

Date acquired ____________________ **Value** ____________________

Notes:

____

____

Item(s) ____

____

____

Location ____

____

____

Date acquired ____________________ **Value** ____________________

Notes:

____

____

Item(s) ____

____

____

Location ____

____

____

Date acquired ____________________ Value ____________________

Notes:

____

____

Item(s) ____

____

____

Location ____

____

____

Date acquired ____________________ Value ____________________

Notes:

____

____

Specific Item(s) Gift Recipients

To whom given/willed/promised.

Beneficiary:____

Beneficiary Phone # __________________________________

Item(s) ____

____

____

Location ____

____

____

Date acquired ____________________**Value**________________

Notes: ____

____

To whom given/willed/promised.

Beneficiary:____

Beneficiary Phone # __________________________________

Item(s) ____

____

____

Location ____

____

____

Date acquired ____________________**Value**________________

Notes: ____

____

To whom given/willed/promised.

Beneficiary:____

Beneficiary Phone # __________________________________

Item(s) ____

____

____

Location ____

____

____

Date acquired ____________________ **Value**__________________

Notes: ____

____

To whom given/willed/promised.

Beneficiary:____

Beneficiary Phone # __________________________________

Item(s) ____

____

____

Location ____

____

____

Date acquired ____________________ **Value**__________________

Notes: ____

____

To whom given/willed/promised.

Beneficiary:____

Beneficiary Phone # ____

Item(s) ____

____

____

Location ____

____

____

Date acquired ______________________**Value**__________________

Notes: ____

____

To whom given/willed/promised.

Beneficiary:____

Beneficiary Phone # ____

Item(s) ____

____

____

Location ____

____

____

Date acquired ______________________**Value**__________________

Notes: ____

____

To whom given/willed/promised.

Beneficiary:____________________

Beneficiary Phone # ____________________

Item(s) ____________________

____

____

Location ____________________

____

____

Date acquired ____________________ **Value**____________________

Notes: ____________________

____

To whom given/willed/promised.

Beneficiary:____________________

Beneficiary Phone # ____________________

Item(s) ____________________

____

____

Location ____________________

____

____

Date acquired ____________________ **Value**____________________

Notes: ____________________

____

To whom given/willed/promised.

Beneficiary:____

Beneficiary Phone # __________________________________

Item(s) ____

____

____

Location ____

____

____

Date acquired ____________________**Value**________________

Notes: ____

____

To whom given/willed/promised.

Beneficiary:____

Beneficiary Phone # __________________________________

Item(s) ____

____

____

Location ____

____

____

Date acquired ____________________**Value**________________

Notes: ____

____

To whom given/willed/promised.

Beneficiary:____

Beneficiary Phone # __________________________________

Item(s) ____

____

____

Location ____

____

____

Date acquired ____________________**Value**__________________

Notes: ____

____

To whom given/willed/promised.

Beneficiary:____

Beneficiary Phone # __________________________________

Item(s) ____

____

____

Location ____

____

____

Date acquired ____________________**Value**__________________

Notes: ____

____

Death Notification List

Death Notification List

Name	Contact Info

Death Notification List

Name	Contact Info

DIRECTIVES

CREMATION OR BURIAL (SELECT ONE)

Name (Person in Charge):________________________________

Phone #________________________________

Location:________________________________

Directives
Pre- Funeral Arrangements

Name (Person in Charge):______________________________

Phone #______________________________

Location:______________________________

____

Funeral Home:______________________________

Phone #______________________________

Minister:______________________________

Phone #______________________________

Plot:______________________________

Location: ______________________________

Notes:

____

____

____

____

____

____

____

____

____

____

____

____

Name (Person in Charge):______________________________

Phone #______________________________

Location:______________________________

____

Name (Person in Charge):______________________________

Phone #______________________________

Location:______________________________

____

CONTENTS COMPLETION CHECK

Personal Messages.--7-17

____

____

____

____

Personal Records---18-26

- Marriage -----------------------
- Military -------------------------
- Parental -----------------------
- Children -----------------------
- Adoptive/Foster Children--
- Guardianship-----------------
- Siblings ----------------------

Medical Records ---27-37

- General -----------------------
- Allergies ---------------------
- History -----------------------
- Doctors------------------------
- Medical Coverage ----------

Prescription Drug Info --38-45
Over the counter drugs---46
Professional Advisors ---47-50
Memberships --51-53
Computer/Phone/Pads, etc. logins--------------------------54-55

- Passcodes/Logins-----------
- Emails -------------------------
- YouTube-----------------------
- Social Media Accts ----------

Insurance Records --62-67
  Accident/Health --------------------
  Property & Liability ----------------
Financial Records --68-79
  Banks/Credit Unions---------------
  Savings Accts ----------------------
  CD's/Mutual Funds----------------
  Retirement/Brokerage Accts----
  Savings Bonds ---------------------
  Safety Deposit Boxes -------------
Receivables & Assets --80-89
  Cryto----------------------------------
  Real Estate--------------------------
  Other----------------------------------
Credit/Debt Records --90-99
  Loans --------------------------------
  Automobiles/Motor Vehicles---
  Bank Cards-------------------------
Travel Entertainment Cards------------------------------100-102

Oil Company Cards --103

Automatic and Recurring Payments ------------------104-112

Legal Documents (DNR, etc) ---------------------------113-114

Hand written wills/addendums..------------------------115-119

Heirlooms/Collectables------------------------------------120-123

Specific Item Gift Recipients----------------------------124-130

Death Notification List --------------------------------------131-133

Directives --134-137

Made in United States
Orlando, FL
04 November 2026

90200306R00081